यादें

जीवन के कुछ बीते हुए पल

अंजू वर्मा

Made with ♥ on the Notion Press Platform
www.notionpress.com

मै अपनी ये रचना यादें मेरे आदरणीय पूर्वज, मेरे माता-पिता,
मेरी बहनो को सहृदय समर्पित करती हूं ।

क्रम-सूची

आभार

मै अपने पूर्वजो, माता-पिता एंव परिवार के अन्य सदस्यो के प्रति आभार व्यक्त करती हूं । मेरे माता-पिता ने न केवल यह शरीर दिया अपितु समाज की रूढिवादी मान्यताओ से उपर उठकर हमें कठिन परिस्थितियो में भी सहयोग किया और सदैव जीवन को स्वतन्त्र रूप से जीने हेतु प्रेरित किया । मेरे ऐस माता- पिता एंव पूर्वजो को कोटि - कोटि नमन ।

यादें कविताओ का संग्रह है। ये रचना लेखिका के बचपन की यादें हैं । उस समय समाज में उन्हें जो दिखता, उनका बाल मन उसे शब्दो में पिरो देता जो बाल्यावस्था से ही उनकी समाज एंव प्रकृति के प्रति संवेदनशीलता को दर्शाता हैं। ये रचना दशको बीत जाने पर भी जीवन्त प्रतीत होती हैं और समाज के हर वर्ग पर अपना प्रभाव दर्शाती हैं ।

1. दीपक

दीपक प्रकाश् फैलाता है,
अंधियारा दूर भगाता है।
सबके जीवन में प्रकाश फैला,
स्वयं अंधकार में रहता हैं ।

स्वयं गर्मी की तप सहकर,
सबको राहत पहुचाता है ।
मित्र हो या हो शत्रु,
सबको प्रकाश यह देता है।

दुष्मन हो चाहे हो दोस्त,
सबको गले लगाता है ।
दीपक प्रकाश फैलाता है,
अंधियारा दूर भगाता है ।

2. मां और प्रकृति

जैसे मां होती है ममतामयी
वैसे प्रकृति होती है ममतामयी ।

मां के ममत्व को तो,
सब देख लेते हैं, किन्तु;
प्रकृति के ममत्व को,
किसी ने देखा है ?

मां के आसुओ को,
सब देख लेते हैं, परन्तु क्या
प्रकृति के आंसुओ को,
किसी ने देखा है ?

मां के दुख का तो,
सभी अनुभव करते हैं।
परन्तु प्रकृति के दुख का
किसी ने अनुभव किया है ?

मां अपने आंचल में कुछ को,
समेटती है,परन्तु प्रकृति तो;
अपने आंचल में अनगिनत
को समेटती हैं ।

मां अपना क्रोध सामने
प्रकट कर सकती हैं,

परन्तु प्रकति मूक है।
इसलिए वह अपना क्रोध,
भूचाल के रूप में प्रकट करती है।

परन्तु दुर्भाग्य है कि मानव आज,
तक इसके महत्व को समझ,
नहीं सका है और भिन्न भिन्न,
प्रकार से इसे हानि पहुंचा रहा है ।

3. प्राचीन मूरत

पत्थर की हूं मै मूरत,
इतिहास कहती हूं।
प्राचीन घटनाओ को,
बयान मै करती हूं।

दिल्ली के बादशाह की,
जो शान कभी था ।
आज सम्पूर्ण भारत की,
शान बन गया ।

यादगार मे बनवाया था,
जिसे शाहजहां ने ।
आज वो ताजमहल,
सबकी यादगार बन गया।

मातृभुमि ने हमको,
जो महापुरूष दिए ।
उनके कर्म ही हमारे लिए,
सिद्धान्त बन गए।

4. पर्वत

अडिग अचल खडा है तू,
किस तप को धारण किए है तू ।
बता जरा हमे भी तो,
किस साधना मे मग्न है तू ?

आंधी आए तूफान आए,
निर्भय होकर खडा है तू ।
बता जरा हमे भी तो,
तूझमे ये शक्ति आई कहां से ?

उपर से तो तू शान्त है,
पर नीचे से उबाल है ।
तेरे इस दो रूप का,
किसी को नही ज्ञान है ।

कही हिम को धारण किए है,
कही वन को धारण किए हे तू ।
आखिर तूझमे इतनी,
विविधता आयी कहां से ?

नदियो को बनाता हे तू,
बहारो को सजाता है तू ।
बता जरा हमे भी तो,
किसके लिए करता है तू ?

आश्रय देते अनेको को,
जीवन देते अनेको को ।
किन्तु इसके साथ ही,
मृत्यु को धारण किए हो तुम ।

कौन है तुम्हारा यहां ?

जिसकी तुम चिन्ता करते हो ।
बता जरा हमे भी तो,
किसके लिए कष्ट सहते हो ?

तूझमे इतनी शक्ति है,
कि भूचाल ला सकते हो तुम।
फिर इस जगत कल्याण का,
क्यों ढोंग रचा रहे हो तुम ?

5. घोंसला

दूर देश से आकर पंछी,
उसमे ही छुप जाता है ।
बोलो तो वो क्या है ,
जिसमे हर सुख को वो पाता है ?

सुबह का निकला साथी जब,
जब शाम को वापस आता है ।
और भी साथी मिल जाते है,
सारी बहारे खिल जाती हैं ।

सुबह होते ही सबको जगाए,
और नित्य अपने काम पर जाए ।
शाम होते ही पंक्ति बनाए,
और सबको इसका ज्ञान कराए ।

दूर देश की सैर हो करते,
आसमानो में उडते फिरते ।
किस कवच को धारण करके तुम,
सूर्य की प्रचण्ड धूप को सहते ?

6. वसन्त ऋतु

वसन्त ऋतु जब आता है,
बहारो को साथ लाता है ।

मनभावन मौसम आता है,
अनेक रंग साथ लाता है ।

फलो का स्वामी आता है,
सबके मन को भाता है।

कोयल कूकने लगती है,
बाग-बाग में डाल डाल पर ।

आम वृक्ष भी झूमने लगते हैं,
और सभी खुशियां मनाते हैं ।

7. ग्रीष्म ऋतु

ठंण्डी के पश्चात,
गर्मी का मौसम आता है।
सूर्य सिर पर होता है,
किरणो को तेज चमकाता है।

तालाब नदिया सब सूख जाते हैं,
सारे उपवन उजड जाते हैं ।
पशु-पक्षी और अन्य जीव,
एक बूंद पानी के लिए तरसते हैं ।

गर्मी के मौसम में जो लोग,
सूर्य की निंदा करते हैं ।
वही लोग जाडें के मौसम में,
सूर्य के प्रकाश के लिए तरसते हैं ।

८. सूखा और मानसून

आंध्र हो या गुजरात हो,
या फिर हो राजस्थान ।

सूखे ने त्राही मचाई,
जन-जन है परेशान ।

देख मानसून हंस,
रहा है तेरे विज्ञान पर ।

जो कुछ भी करके,
उसे बुला नही सकता ।

और सूखे को हरियाली में,
नही बदल सकता।

जनता भूखो मर रही,
पानी-पानी चिल्ला रही ।

सूखे के इस विजय में,
मांनसून भी उसके साथ

9. एक वृक्ष

एक वृक्ष कहे अपनी कहानी,
अपनी वीरता, अपनी जुबानी

कहे पहले साम्राज्य था मेरा,
मेरे सिवा दूजा न था यहां ।

फिर जीव-जन्तु का विकास हुआ,
फिर मै मनु के लिए आहार बना ।

फिर मै मनु के लिए वस्त्र बना,
फिर मै उनके लिए निवास बना ।

फिर मै उनके लिए औषधि बना,
और अन्त मे मै उनके लिए वस्त्र बना ।

10. किसान

मै हूं मतवाला किसान,
अन्न उगाना है मेरा काम ।

मिटटी की धरती में मैं,
सोना उपजाता हूं ।

स्वयं झोपडी में रहकर,
सबको मकान मैं देता हूं ।

स्वयं भूखा रहकर भी,
सबको भोजन मैं देता हूं ।

दिन रात मेहनत करके,
सबको आराम मैं देता हूं ।

स्वयं गरीब रहकर भी,
सबको अमीर बनाता हूं ।

मैं हूं मतवाला किसान ।

11. वतन

एक ही वतन है,
जिसमें है प्रीत निभति ।
सागर की गहराइ जितनी,
वैसे है रिश्ते बनते ।

रंग है अनेक इसके,
रूप भी अनेक ।
वेषभूशा भी अनेक,
सम्प्रदाय भी अनेक,
किन्तु हम सब है एक ।

कुछ हैं जो इसके लिए,
सीमा पर हैं लडतें ।
कुछ हैं जो इसके लिए,
भीतर हैं जंग करते ।

एक ही वतन है,
जिसमे हैं बुद्ध जन्में,
कइ सन्त, महापुरूष् जन्मे,
और दूनिया को मानवता
एंव दुखो से मुक्ति का
समुचित मार्ग बताया ।
ऐसे वतन को कोटि-कोट नमन ।

12. चन्दा मामा

आसमान से एक दिन चांद,
उतर आया धरती पर ।
मैने पूछा चन्दा मामा,
आप यहां हो कैसे

बोले मै धरती पर आया,
अपना क्रोध शान्त करने ।

मैने पूछा-.
शीतल चन्द्र को,
क्रोध भला आया कैसे

वे बोले-
वैज्ञानिको ने मुझको,
बदसूरत है कहा ।
कवियों की कविताओ से,
मुझको है दूर किया ।

कहते सूरज मुझे प्रकाश देता,
तो मै जग को रौशन करता ।
यदि मै सूरज से प्रकाश लेता,
तो इसमे भी गर्मी होती
इतना कह कर चल पडे,
वो अपनी राह की ओर ।

मैने रोका और कहा,
नादानो से लडना
बुद्धिमानो का काम नही ।

कुछ सोचकर वे बोले- ठीक है,
मै अपने निवास को जाता हूं ।
लेकिन फिर कोइ भूल हुइ तो,
सबको दण्ड अवश्य दूगां ।

मैने कहां आप जैसे दानी को,
इतना गुस्सा करना ठीक नही ।
अलविदा कहते कहते मै,
निद्रा से जाग उठी ।

फिर सोचकर सपने को,
मैं थोडा मुस्कराई ।

13. सबका अपना महत्व है

सागर के गर्भ में मोती छुपे हैं,
धरती के गर्भ मे हीरे छुपे हैं ।
बहती हवाओ मे संगीत छुपा है,
बागानो मे खुशबू छुपी है ।

बूंदो से बनती है नदियां,
नदियो से बनता है सागर ।
फिर क्यों इतना भेद है,
सबका अपना महत्व है ।

हर प्राणी का मूल्य बहुत है,
प्रत्येक वस्तु मूल्यवान बहुत है ।
जाति-समप्रदाय है एक बंधन,
मानवता के आगे इसे करो सर्मपण ।

जन्म से बडा कोइ होता नहीं,
कुल से कोइ महान होता नहीं ।
अमीर-गरीब, स्त्री-पुरूष,
एक समान है सब ।

फिर क्यों इतना भेद है,
सबका अपना महत्व है ।

प्रकृति का अपना बस,
एक ही नियम है-
सतकर्म करो,

और उचित फल प्राप्त करो ।
भेदभाव मत करो,
घृणा मत करो, बस मैत्री,
प्रेम और करूणा बरसाओ ।

14. ज्ञान एंव अज्ञान

अज्ञान ही तो अंधेरा है,
ज्ञान ही तो प्रकाश है ।
अज्ञान को दूर करके,
तुम प्रकाश को ही पाओगे ।

अज्ञानता के वश में,
तुम मानवता को भूल जाओगो ।
प्रकाश की रौशनी में,
तुम श्रेष्ठ स्थान पाओगे ।

ज्ञान के उगने से,
अज्ञान डूबता है ।
प्रकाश के फैलने से,
अंधेरा मिटता है ।

ज्ञान है वो पतवार,
जिससे है नाव चलती ।
अज्ञान है वो मझदार,
जिसमें है नाव फसती ।

15. जीवन क्या है

जीवन क्या है ?
एक नाव।
जिसे समन्दर मे चलना है,
अनगिनत लहरो का सामना
करना है ।

जीवन क्या है ?
बारिष् का पानी ।
जिसे अन्तत: मिटटी में,
मिलना ही है ।

जीवन क्या है ?
एक हरा पत्ता ।
जिसे सूखकर,
एक दिन मिटना ही है ।

जीवन क्या है ?
हवा का झोंका ।
जिसे एक ओर बहकर,
शान्त होना ही है ।

जीवन क्या है ?
एक तिनका ।

जिसे हवा के झोंकों के
साथ , बिखरना ही है ।

जीवन क्या है ?
एक बन्धन ।
जिसे मृत्यु का वरण कर,
आजाद होना ही है ।

16. क्या हूं मैं

सागर की लहरो मे से,
एक लहर हूं मै भी ।
जो चटटानो से टकराकर,
चकनाचूर हो जाती है ।

बारिश के पानी में से,
एक बूंद हूं मै भी ।
जो धरती पर आकर,
अपना वजूद खो देती है ।

प्रकाश की किरणो में से,
एक किरण हूं मैं भी ।
जो अंधेरे को दूर करन,
के लिए प्रयत्नषील रहती है ।

आकाश् के तारो मे से एक,
दूर का तारा हूं मैं भी ।
जिसे समझ पाना,
बहुत ही मुश्कलि है ।

सात रंगो मे से एक,
रंग हूं मै भी ।
जिसके न रहने से,
इन्द्रधनुष नही बनता ।

यादें

मानवीय रक्त की,
एक बूंद हूं मै भी ।
जिसके संचार से जीवन शेष है ।

17. जीवन

सागर की गहराइ में,
क्यों पैदा हआ जीवन ?
मैात की काली छाया में,
क्यों मरता है जीवन ?

जन्म क्यों लेता जीवन ?
जब खत्म होना है इसको ।
फिर जीवन के मरने पर,
क्यों रोता है जीवन ?

आंसु की चादर मे,
लिपटा है ये जीवन ।
क्या यही देखने जीवन
फिर होता है उत्पन्न ?

सब कुछ सहज रूप से था,
फिर कैसी हुयी हलचल !
एक अनन्त, शान्त, शून्य में,
हुआ प्रकाश-पुन्ज उत्पन्न ।

www.ingramcontent.com/pod-product-compliance
Lightning Source LLC
LaVergne TN
LVHW090336210926
848480LV00004B/1440

* 9 7 9 8 9 0 4 5 1 2 3 9 2 *